escuela - škola	2
viaje - cesta	5
transporte - doprava	8
ciudad - mesto	10
paisaje - terén	14
restaurante - reštaurácia	17
supermercado - supermarket	20
bebidas - nápoje	22
comida - jedlo	23
granja - farma	27
casa - dom	31
sala - obývačka	33
cocina - kuchyňa	35
cuarto de baño - kúpeľňa	38
habitación de los niños - detská izba	42
ropa - šatstvo	44
oficina - kancelária	49
economía - hospodárstvo	51
oficios - povolania	53
herramientas - náradie	56
instrumentos musicales - hudobné nástroje	57
zoo - ZOO	59
deportes - šport	62
actividades - aktivity	63
familia - rodina	67
cuerpo - telo	68
hospital - nemocnica	72
urgencia - urgentný prípad	76
tierra - Zem	77
hora(s) - hodiny	79
semana - týždeň	80
año - rok	81
formas - tvary	83
colores - farby	84
opuestos - protiklady	85
números - čísla	88
idiomas - jazyky	90
quién / qué / cómo - kto/čo/ako	91
dónde - kde	92

Impressum
Verlag: BABADADA GmbH, Nedderfeld 112 , 22529 Hamburg
Geschäftsführer / Verlagsleitung: Harald Hof
Druck: Books on Demand GmbH, In de Tarpen 42, 22848 Norderstedt

Imprint
Publisher: BABADADA GmbH, Nedderfeld 112 , 22529 Hamburg, Germany
Managing Director / Publishing direction: Harald Hof
Print: Books on Demand GmbH, In de Tarpen 42, 22848 Norderstedt, Germany

escuela
škola

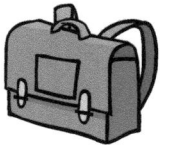

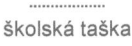

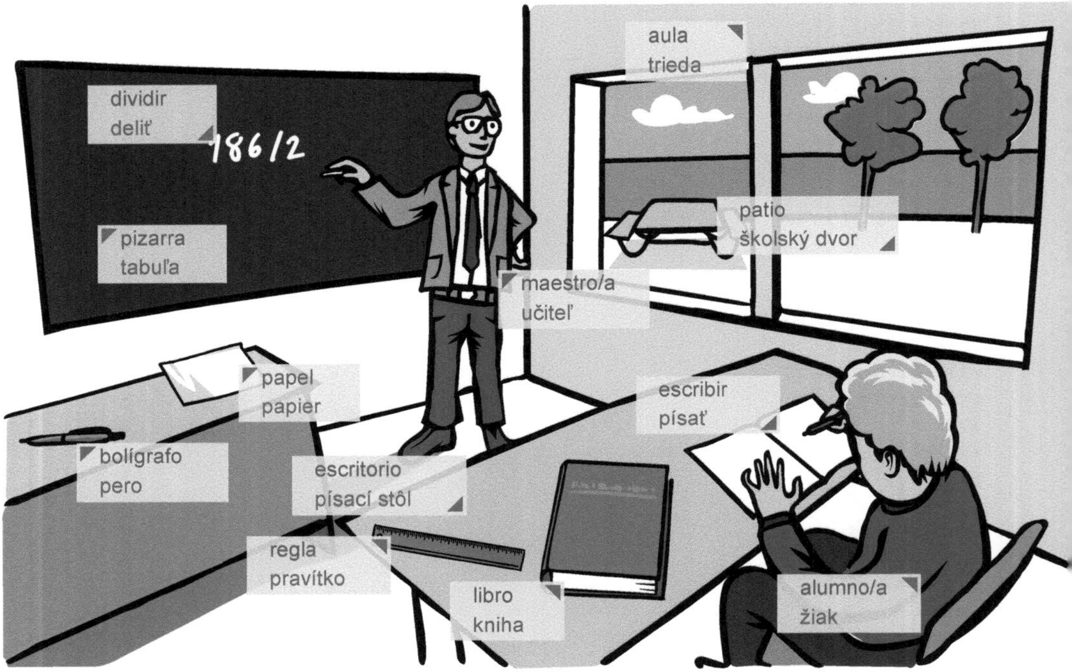

aula
trieda
dividir
deliť
186/2
pizarra
tabuľa
patio
školský dvor
maestro/a
učiteľ
papel
papier
escribir
písať
bolígrafo
pero
escritorio
písací stôl
regla
pravítko
libro
kniha
alumno/a
žiak

cartera

školská taška

caja de lápices

peračník

lápiz

ceruza

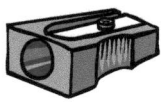

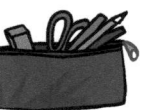

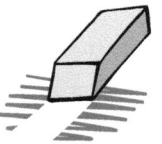

sacapuntas

strúhadlo na ceruzky

goma de borrar

guma

cuaderno de dibujo

skicár

dibujo
kresba

pincel
štetec

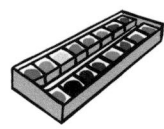

caja de pinturas
vodové farby

tijeras
nožnice

pegamento
lepidlo

cuaderno de ejercicios
cvičný zošit

deberes
domáca úloha

número
číslo

sumar
sčítať

restar
odčítať

multiplicar
násobiť

calcular
počítať

letra
písmeno

alfabeto
abeceda

palabra
slovo

texto

text

leer

čítať

tiza

krieda

lección

hodina

cuaderno de notas

triedna kniha

examen

skúška

certificado

certifikát

uniforme escolar

školská uniforma

educación

vzdelanie

enciclopedia

encyklopédia

universidad

univerzita

microscopio

mikroskop

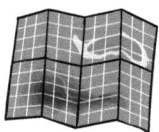

mapa

mapa

papelera

kôš na papier

viaje
cesta

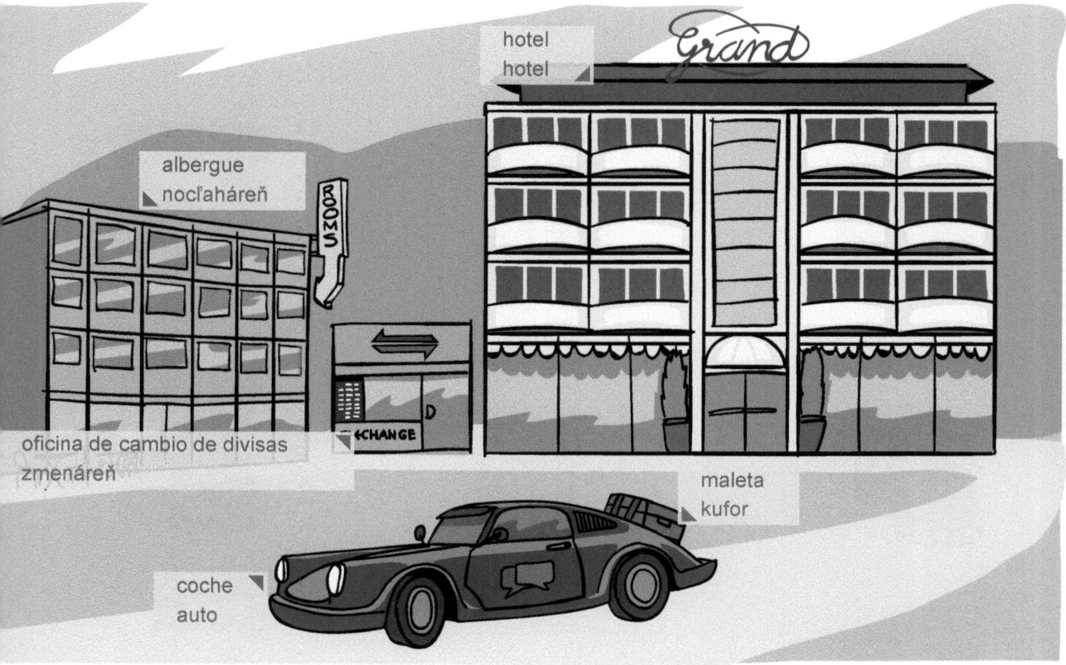
hotel
hotel
Grand
albergue
nocľaháreň
ROOMS
oficina de cambio de divisas
zmenáreň
CHANGE
maleta
kufor
coche
auto

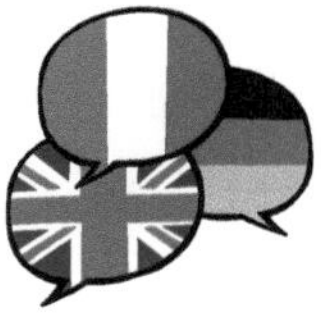

idioma

jazyk

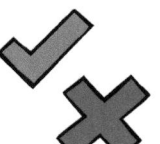

sí / no

áno/nie

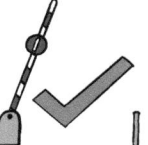

Vale

v poriadku

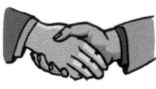

hola

ahoj

traductor

prekladateľ

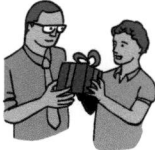

Gracias

ďakujem

¿cuánto es…?

Koľko stojí … ?

No entiendo

Nerozumiem

problema

problém

¡Buenas tardes!

Dobrý večer!

¡Buenos días!

Dobré ráno!

¡Buenas noches!

Dobrú noc!

adiós

Dovidenia

dirección

smer

equipaje

batožina

bolsa

taška

mochila

batoh

invitado

hosť

habitación

izba

saco de dormir

spacák

tienda de campaña

stan

información turística

informácie pre turistov

playa

pláž

tarjeta de crédito

kreditná karta

desayuno

raňajky

almuerzo

obed

cena

večera

billete

cestovný lístok

ascensor

výťah

sello

poštová známka

frontera

hranica

aduana

clo

embajada

veľvyslanectvo

visa

vízum

pasaporte

cestovný pas

transporte

doprava

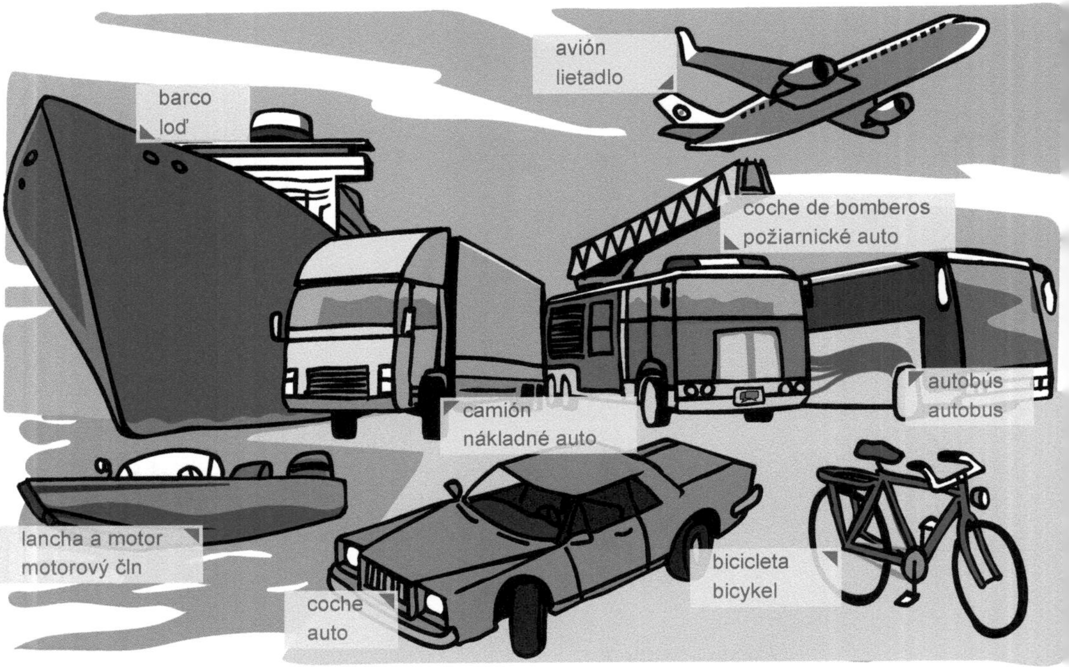

avión
lietadlo
barco
loď
coche de bomberos
požiarnické auto
autobús
autobus
camión
nákladné auto
lancha a motor
motorový čln
bicicleta
bicykel
coche
auto

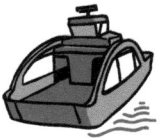

transbordador

trajekt

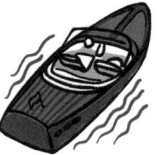

barca

loď

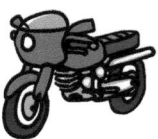

moto

motorka

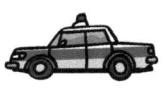

coche de policía

policajné auto

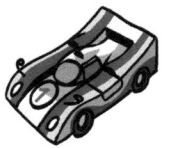

coche de carreras

pretekárske auto

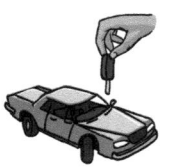

coche de alquiler

vozidlo z požičovne

préstamo de vehículos

carsharing

grúa

odťahové auto

camión de la basura

smetiarske auto

motor

motor

gasolina

benzín

gasolinera

čerpacia stanica

señal de tráfico

dopravná značka

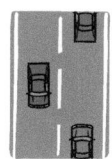

tráfico

premávka

atasco

zápcha

aparcamiento

parkovisko

estación de tren

vlaková stanica

vías

trate

tren

vlak

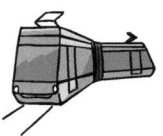

tranvía

električka

vagón

vagón

helicóptero

helikoptéra

aeropuerto

letisko

torre

veža

pasajero

pasažier

contenedor

kontajner

caja de cartón

kartón

carretilla

vozík

cesta

kôš

despegar / aterrizar

štartovať / pristáť

ciudad

mesto

pueblo

dedina

centro de ciudad

centrum mesta

casa

dom

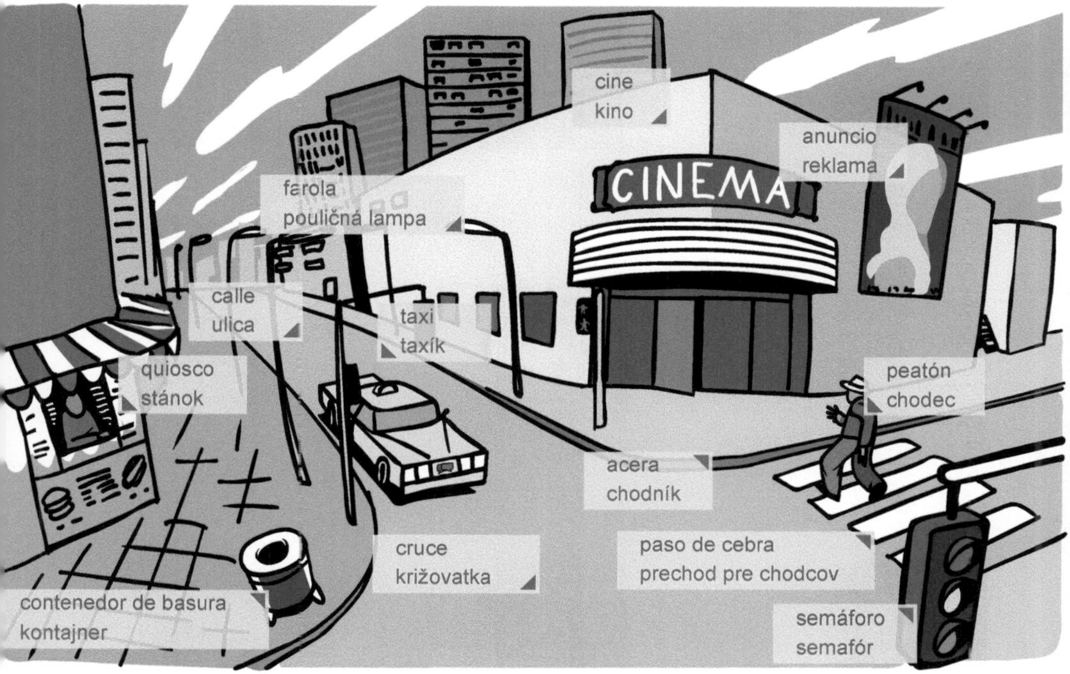
cine
kino
anuncio
reklama
CINEMA
farola
pouličná lampa
calle
ulica
taxi
taxík
quiosco
stánok
peatón
chodec
acera
chodník
cruce
križovatka
paso de cebra
prechod pre chodcov
contenedor de basura
kontajner
semáforo
semafór

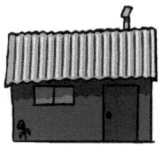

cabaña

chata

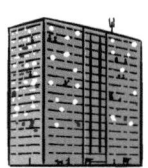

apartamento

byt

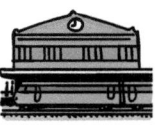

estación de tren

vlaková stanica

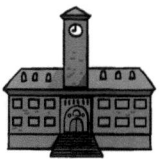

ayuntamiento

radnica

MUSEUM

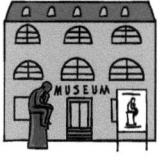

museo

múzeum

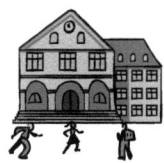

escuela

škola

universidad

univerzita

banco

banka

hospital

nemocnica

hotel

hotel

farmacia

lekáreň

oficina

kancelária

librería

kníhkupectvo

tienda

obchod

floristería

kvetinárstvo

supermercado

supermarket

mercado

trh

grandes almacenes

obchodný dom

pescadería

obchodník s rybami

centro comercial

nákupné stredisko

puerto

prístav

parque

park

banco

lavička

puente

most

escaleras

schody

metro

metro

túnel

tunel

parada de autobús

autobusová zastávka

bar

bar

restaurante

reštaurácia

buzón

poštová schránka

poste indicador

tabuľa s názvom ulice

parquímetro

parkovacie hodiny

zoo

ZOO

piscina

plaváreň

mezquita

mešita

granja
farma

contaminación
znečisťovanie životného prostredia

cementerio
cintorín

iglesia
kostol

patio de juego
ihrisko

templo
chrám

paisaje
terén

hoja
list

señal
smerová tabuľa

camino
cesta

prado
lúka

piedra
kameň

árbol
strom

excursionista
turista

río
rieka

hierba
tráva

flor
kvet

valle
dolina

colina
kopec

lago
jazero

bosque
les

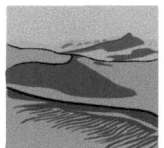

desierto
púšť

volcán
vulkán

castillo
zámok

arcoíris
dúha

champiñón
hríb

palmera
palma

mosquito
komár

mosca
mucha

hormiga
mravec

abeja
včela

araña
pavúk

escarabajo

chrobák

rana

žaba

ardilla

veverička

erizo

jež

liebre

zajac

lechuza

sova

pájaro

vták

cisne

labuť

jabalí

diviak

ciervo

jeleň

alce

los

presa

hrádza

turbina eólica

veterná turbína

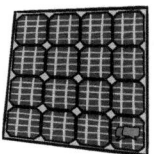

panel solar

solárny panel

clima

podnebie

restaurante
reštaurácia

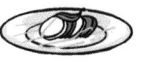

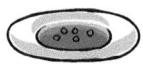

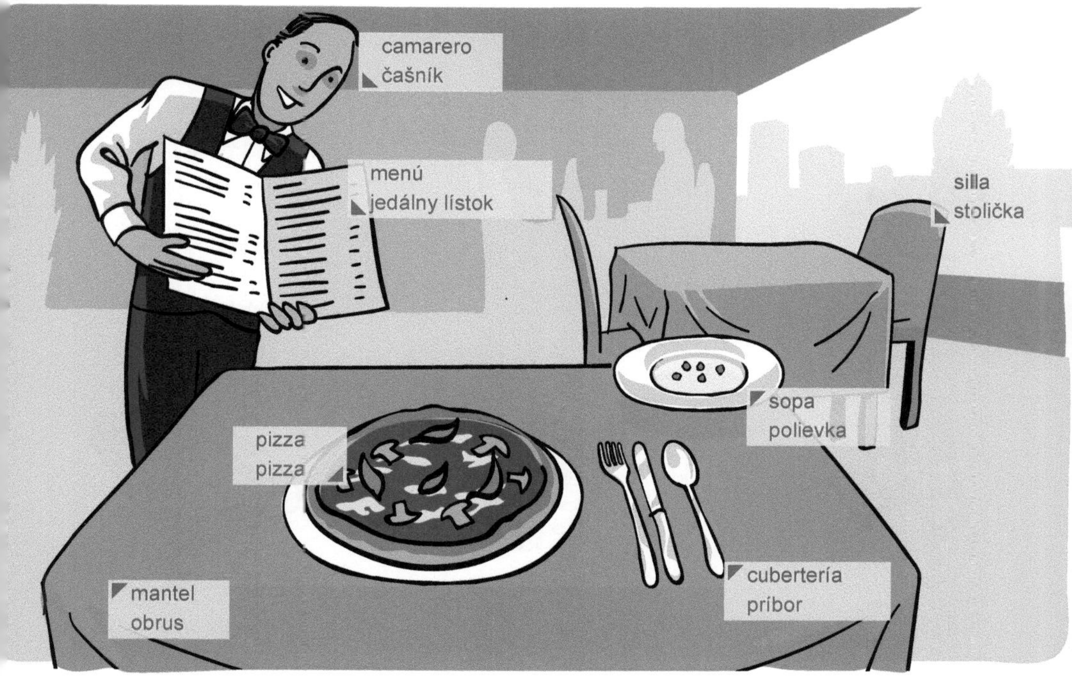
camarero
čašník
menú
jedálny lístok
silla
stolička
sopa
polievka
pizza
pizza
mantel
obrus
cubertería
príbor

primer plato

predjedlo

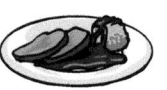

plato principal

hlavné jedlo

postre

zákusok

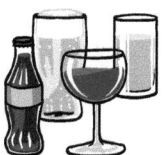

bebidas

nápoje

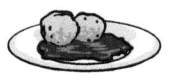

comida

jedlo

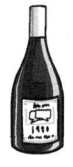

botella

fľaša

comida rápida

fast-food

comida callejera

street food

tetera

kanvica na čaj

azucarero

cukornička

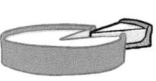

porción

porcia

cafetera expreso

stroj na espresso

trona

detská stolička

cuenta

účet

bandeja

podnos

cuchillo

nôž

tenedor

vidlička

cuchara

lyžica

cucharilla

čajová lyžička

servilleta

obrúsok

vaso

pohár

plato
tanier

plato hondo
hlboký tanier

platillo
podšálka

salsa
omáčka

salero
soľnička

molinillo de pimienta
mlynček na korenie

vinagre
ocot

aceite
olej

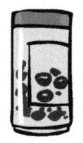

especias
korenie

ketchup
kečup

mostaza
horčica

mayonesa
majonéza

supermercado
supermarket

oferta especial
špeciálna ponuka
FOR
cliente
klient
lácteos
mliečne výrobky
fruta
ovocie
carro de la compra
nákupný vozík

BUTCHERS

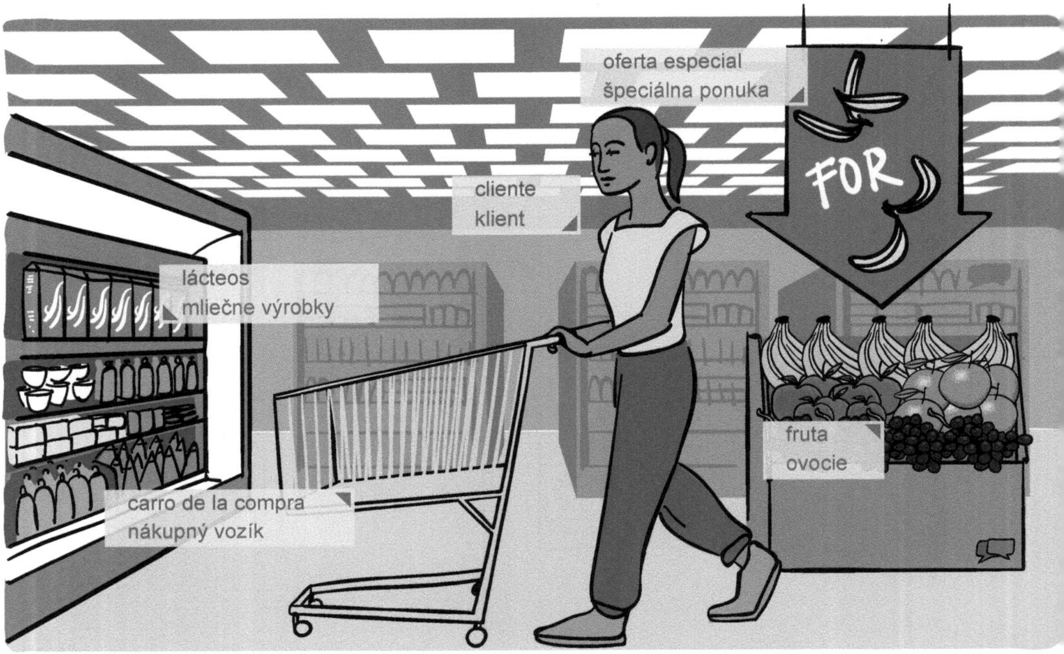

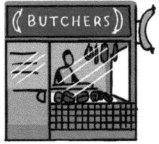

carnicería

mäsiarstvo

BAKERY

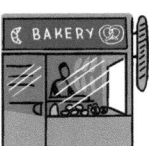

panadería

pekáreň

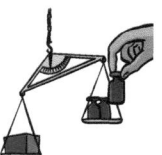

pesar

vážiť

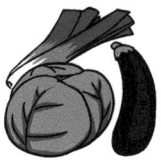

verduras

zelenina

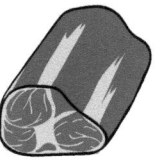

carne

mäso

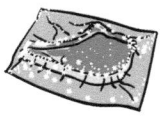

alimentos congelados

mrazené potraviny

fiambres

nárez

conservas

konzervy

detergente en polvo

prací prostriedok

dulces

sladkosti

productos de uso doméstico

domáce potreby

productos de limpieza

čistiace prostriedky

vendedora

predavačka

caja

pokladňa

cajero

pokladník

lista de la compra

nákupný zoznam

horario de atención al público

otváracie hodiny

cartera

peňaženka

tarjeta de crédito

kreditná karta

bolsa

taška

bolsa de plástico

plastové vrecko

bebidas

nápoje

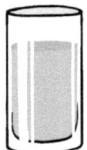

agua
....
voda

zumo
....
džús

leche
....
mlieko

cola
....
kola

vino
....
víno

cerveza
....
pivo

alcohol
....
alkohol

cacao
....
kakao

té
....
čaj

café
....
káva

expreso
....
espresso

capuchino
....
kapučíno

plátano

banán

manzana

jablko

naranja

pomaranč

melón

melón

limón

citrón

zanahoria

mrkva

ajo

cesnak

bambú

bambus

cebolla

cibuľa

champiñón

hríb

avellanas

orechy

fideos

rezance

espagueti

špagety

arroz

ryža

ensalada

šalát

patatas fritas

hranolky

patatas fritas

pečené zemiaky

pizza

pizza

hamburguesa

hamburger

sándwich

obložený chlebík

filete

rezeň

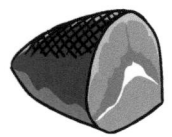

jamón

šunka

salami

saláma

salchicha

klobása

pollo

kurča

asado

pečené mäso

pescado

ryba

copos de avena

ovsené vločky

muesli

müsli

copos de maíz

kukuričné lupienky

harina

múka

cruasán

croissant

panecillo

pečivo

pan

chlieb

tostada

hrianka

galletas

sušienky

mantequilla

maslo

cuajada

tvaroh

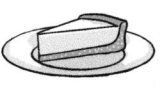

pastel

koláč

huevo

vajce

huevo frito

volské oko

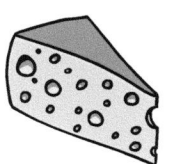

queso

syr

helado

zmrzlina

azúcar

cukor

miel

med

mermelada

lekvár

crema de turrón

nugátová nátierka

curry

karí korenie

granja
farma

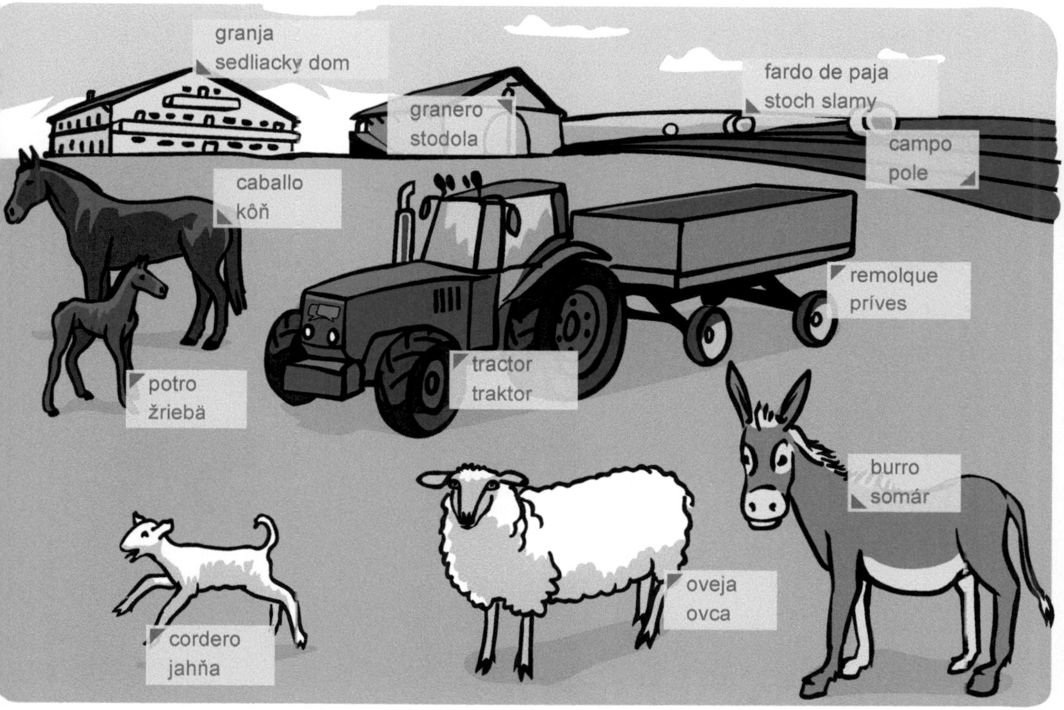
granja
sedliacky dom
granero
stodola
fardo de paja
stoch slamy
campo
pole
caballo
kôň
remolque
príves
tractor
traktor
potro
žriebä
burro
somár
oveja
ovca
cordero
jahňa

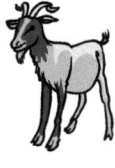

cabra

koza

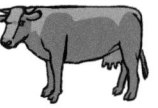

vaca

krava

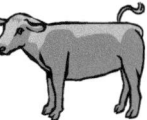

ternero

teľa

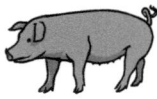

cerdo

prasa

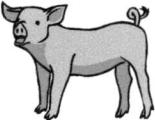

cerdito

prasiatko

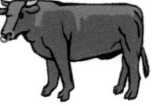

toro

býk

ganso
hus

pato
kačica

pollo
kuriatko

gallina
sliepka

gallo
kohút

rata
potkan

gato
mačka

ratón
myš

buey
vôl

perro
pes

perrera
psia búda

manguera
záhradná hadica

regadera
krhla

guadaña
kosa

arado
pluh

hoz

kosák

azada

motyka

horca

vidly na hnoj

hacha

sekera

carretilla

fúrik

abrevadero

koryto

lechera

kanva na mlieko

saco

vrece

valla

plot

establo

maštaľ

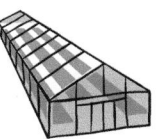

invernadero

skleník

suelo

pôda

semilla

osivo

fertilizador

hnojivo

cosechadora

kombajn

cosechar

žať

cosecha

žatva

ñame

batát

trigo

pšenica

soja

sója

patata

zemiak

maíz

kukurica

semilla de colza

repka

árbol frutal

ovocný strom

mandioca

maniok

cereales

obilie

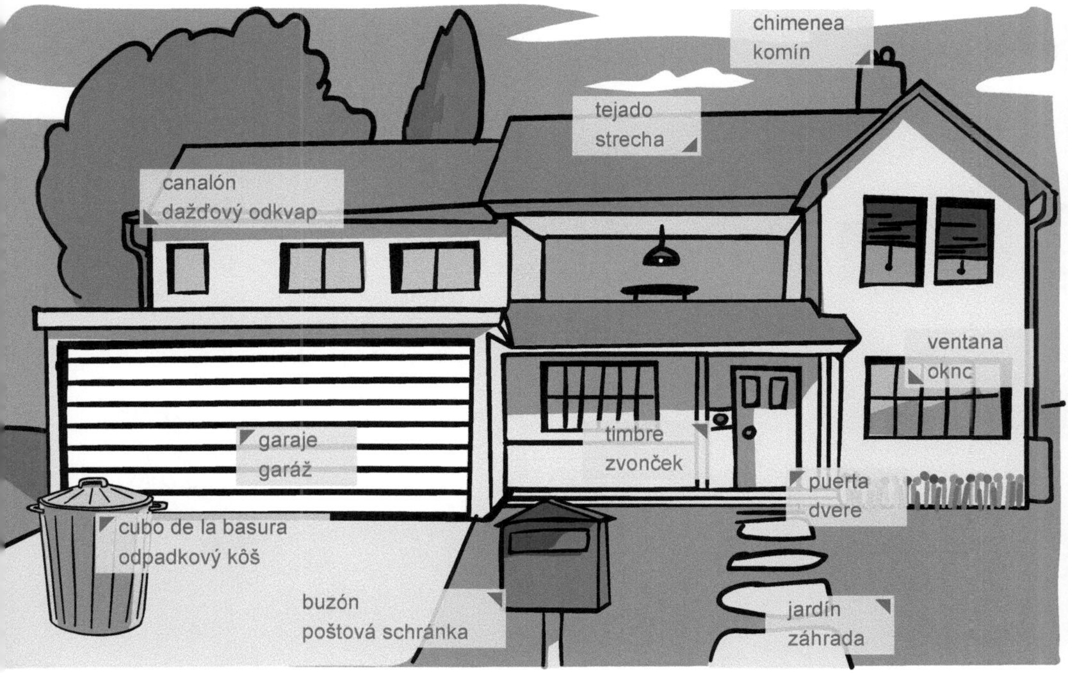

chimenea
komín

tejado
strecha

canalón
dažďový odkvap

ventana
oknc

garaje
garáž

timbre
zvonček

puerta
dvere

cubo de la basura
odpadkový kôš

buzón
poštová schránka

jardín
záhrada

sala

obývačka

cuarto de baño

kúpeľňa

cocina

kuchyňa

dormitorio

spálňa

habitación de los niños

detská izba

comedor

jedáleň

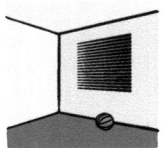

suelo

podlaha

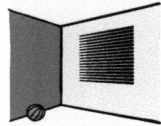

pared

stena

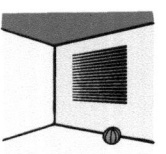

techo

strop

sótano

pivnica

sauna

sauna

balcón

balkón

terraza

terasa

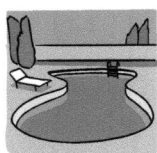

piscina

bazén

cortacésped

kosačka

sábana

obliečka

colcha

posteľná prikrývka

cama

posteľ

escoba

metla

balde

vedro

interruptor

vypínač

sala
obývačka

papel pintado
tapeta
imagen
obraz
lámpara
lampa
estante
regál
armario
skriňa
televisión
televízor
chimenea
kozub
flor
kvet
cojín
vankúš
sofá
pohovka
jarrón
váza
mando a distancia
diaľkové ovládanie

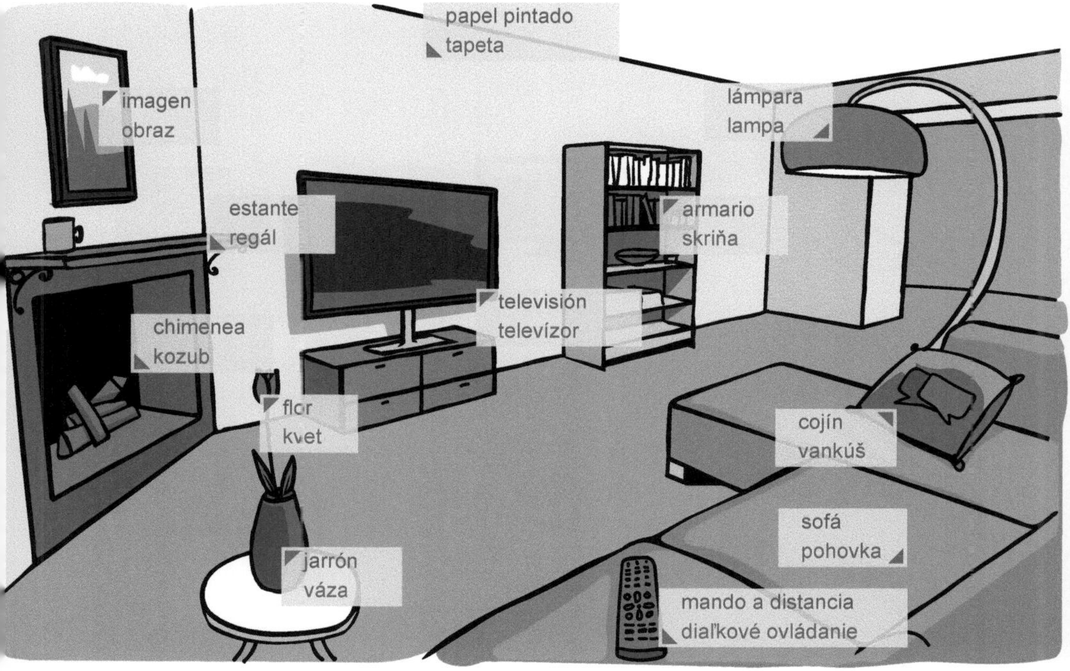

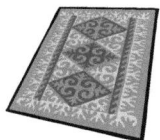

alfombra
koberec

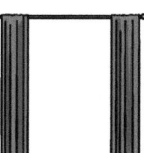

cortina
záclona

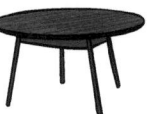

mesa
stôl

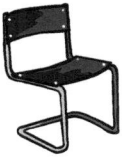

silla
stolička

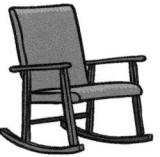

mecedora
hojdacie kreslo

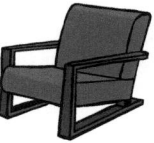

butaca
kreslo

libro

kniha

manta

prikrývka

decoración

dekorácia

leña

drevo na kúrenie

película

film

equipo de música

hi-fi veža

llave

kľúč

periódico

noviny

pintura

maľba

póster

plagát

radio

rádio

cuaderno

zápisník

aspiradora

vysávač

cactus

kaktus

vela

sviečka

cocina
kuchyňa

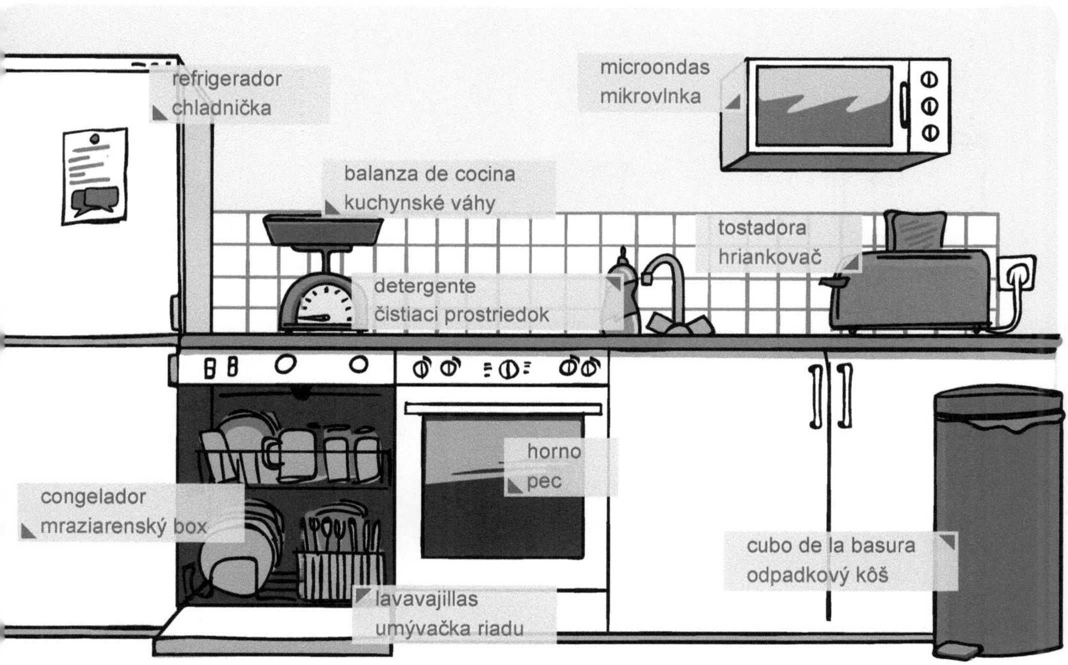

refrigerador
chladnička
microondas
mikrovlnka
balanza de cocina
kuchynské váhy
tostadora
hriankovač
detergente
čistiaci prostriedok
horno
pec
congelador
mraziarenský box
cubo de la basura
odpadkový kôš
lavavajillas
umývačka riadu

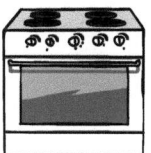

olla a presión

sporák

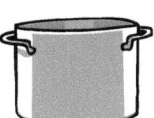

olla

hrniec

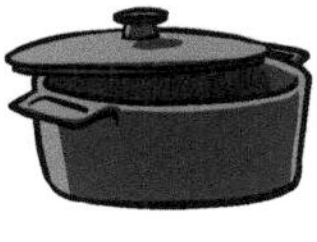

olla de hierro fundido

železný hrniec

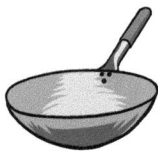

wok / karahi

wok / kadai

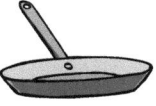

cazuela

panvica

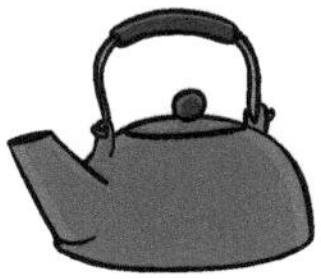

hervidor

rýchlovarná kanvica

vaporera

parný hrniec

chapa de horno

plech na pečenie

vajilla

riad

taza

pohár

tazón

misa

palillos

paličky

cucharón

naberačka na polievku

espumadera

stierka

batidor

metlička

colador

cedidlo

cedazo

sitko

rallador

strúhadlo

mortero

mažiar

barbacoa

gril

hoguera

ohnisko

tabla de picar

doska na krájanie

rodillo

valček na cesto

sacacorchos

vývrtka

lata

konzerva

abrelatas

otvárač na konzervy

agarrador

chňapka

lavabo

výlevka

cepillo

kefa

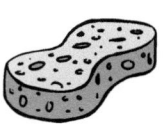

esponja

hubka

batidora

mixér

congelador

mraznička

biberón

kojenecká fľaša

grifo

vodovodný kohútik

cuarto de baño
kúpeľňa

calefacción
kúrenie
toalla
uterák
ducha
sprcha
cortina de la ducha
sprchový záves
baño de espuma
pena do kúpeľa
bañera
vaňa
vaso
pohár
lavadora
práčka
grifo
vodovodný kohútik
baldosas
dlaždice
orinal
nočník
lavabo
výlevka

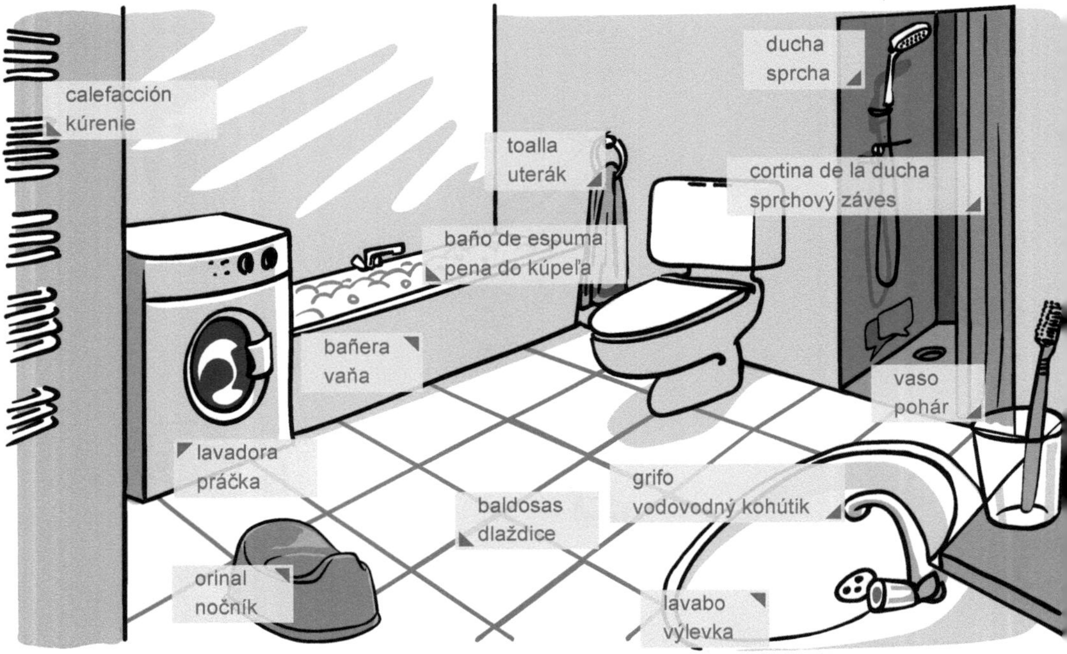

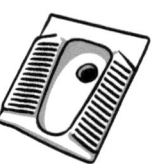

inodoro
záchod

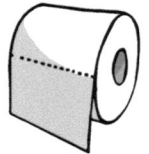

inodoro rústico
suchý záchod

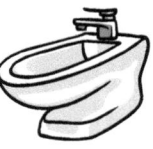

bidé
bidet

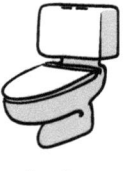

urinario
pisoár

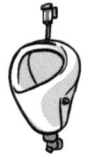

papel higiénico
toaletný papier

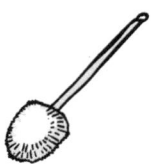

escobilla del váter
záchodová kefa

cepillo de dientes

zubná kefka

pasta de dientes

zubná pasta

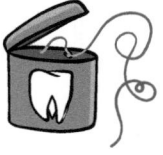

hilo dental

dentálna niť

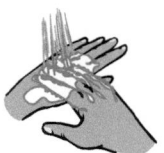

lavar

umývať

ducha de mano

ručná sprcha

ducha íntima

sprcha pre intímnu hygieru

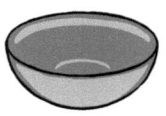

pila

umývadlo

cepillo de espalda

kefa na chrbát

jabón

mydlo

gel de ducha

sprchový gél

champú

šampón

toallita

frotírová rukavica

desagüe

odtok

crema

krém

desodorante

dezodorant

espejo

zrkadlo

espejo de tocador

kozmetické zrkadlo

maquinilla de afeitar

žiletka

espuma de afeitar

pena na holenie

loción postafeitado

voda po holení

peine

hrebeň

cepillo

kefa

secador

sušič vlasov

laca

sprej na vlasy

maquillaje

make-up

pintalabios

rúž

pintauñas

lak na nechty

algodón

vata

cortauñas

nožnice na nechty

perfume

parfum

estuche de viaje

kozmetická taška

banqueta

stolček

balanza

váha

albornoz

kúpací plášť

guantes de goma

gumové rukavice

tampón

tampón

compresa

menštruačná vložka

inodoro químico

chemické WC

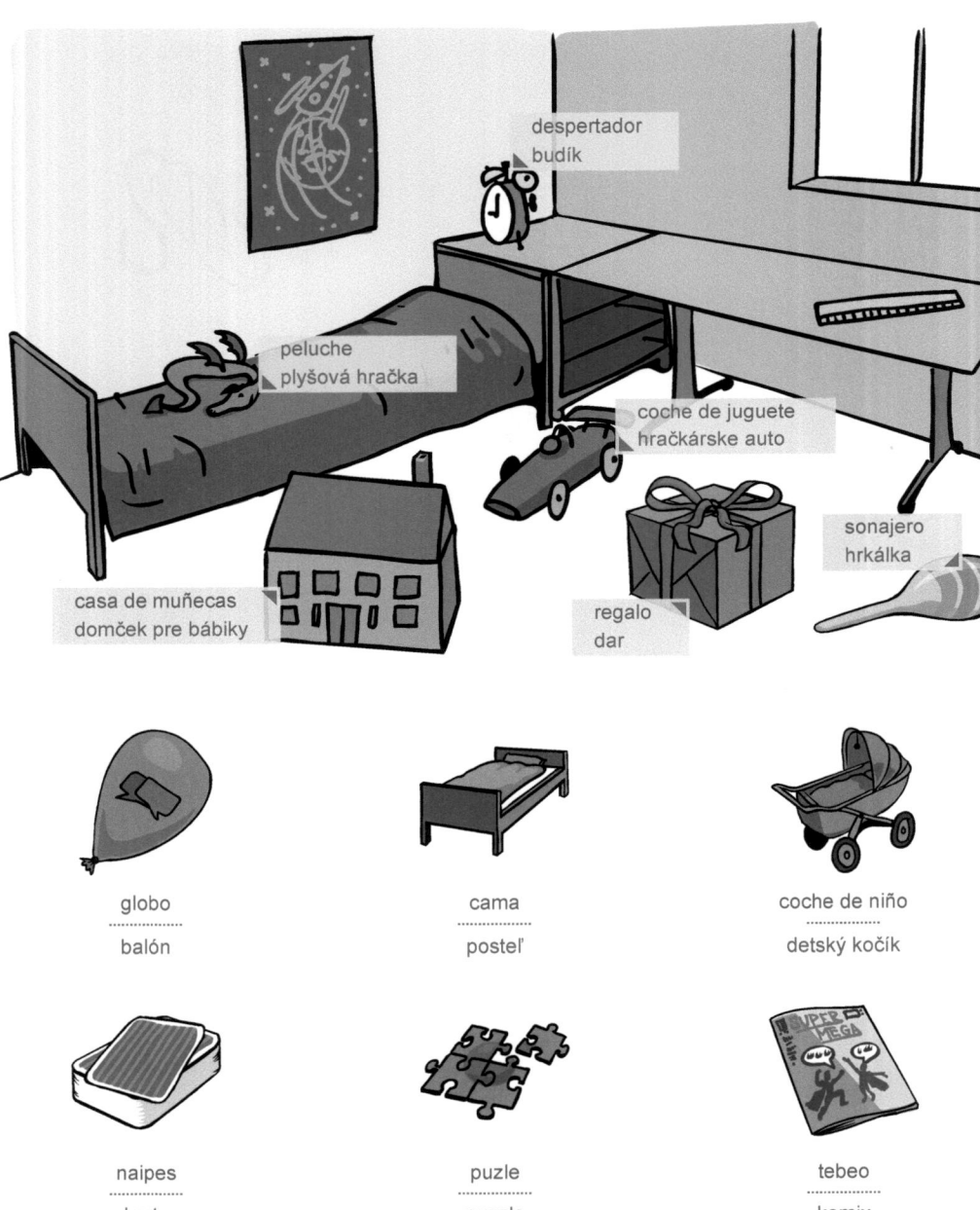

despertador
budík

peluche
plyšová hračka

coche de juguete
hračkárske auto

casa de muñecas
domček pre bábiky

sonajero
hrkálka

regalo
dar

globo
balón

cama
posteľ

coche de niño
detský kočík

naipes
karty

puzle
puzzle

tebeo
komix

piezas de lego

skladačka lego

bloques de juguete

stavebnica

figura de acción

akčná postavička

bodi (de bebé)

dupačky

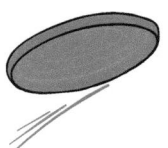

frisbee

lietajúci tanier

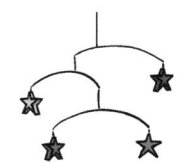

colgador móvil para bebés

závesné hračky

juego de mesa

stolová hra

dados

kocka

circuito de tren eléctrico

modelový vláčik

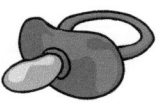

maniquí

cumlík

fiesta

párty

álbum de fotos

obrázková kniha

pelota

lopta

muñeca

bábika

jugar

hrať sa

cajón de arena

pieskovisko

columpio

hojdačka

juguetes

hračky

videoconsola

hracia konzola

triciclo

trojkolka

oso de peluche

medvedík

guardarropa

šatník

ropa

šatstvo

calcetines

ponožky

medias

pančuchy

leotardos

pančuchové nohavičky

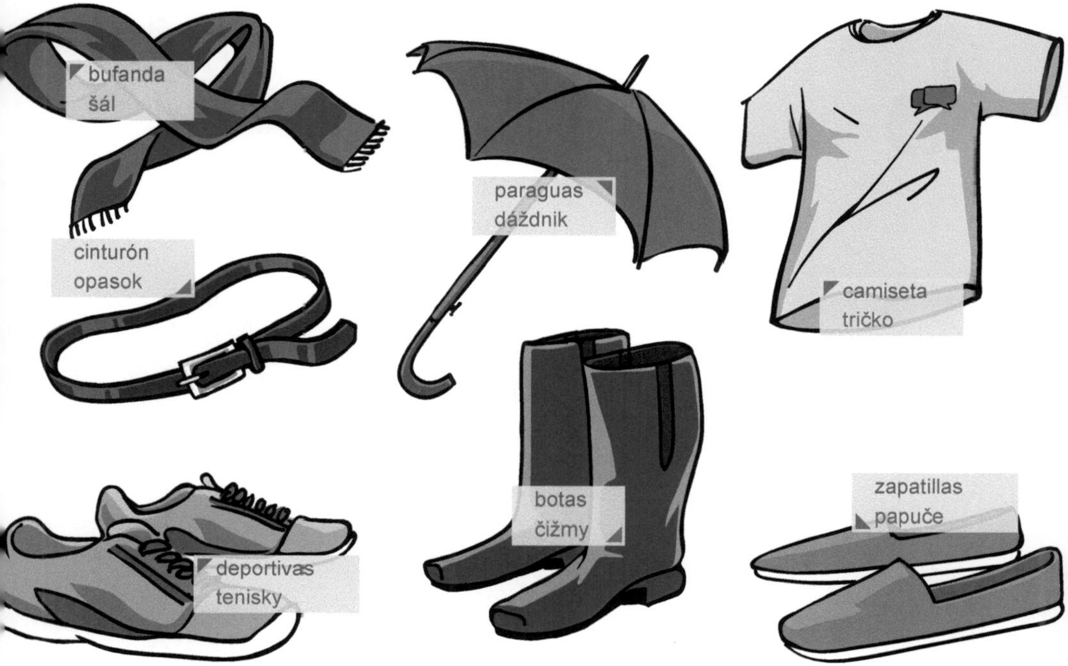

bufanda
šál

cinturón
opasok

paraguas
dáždnik

camiseta
tričko

botas
čižmy

zapatillas
papuče

deportivas
tenisky

sandalias
sandále

zapatos
topánky

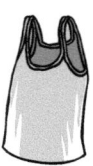
botas de goma
gumáky

slip
spodky

sostén
podprsenka

chaleco
tielko

bodi

body

pantalones

nohavice

vaqueros

džínsy

falda

sukňa

blusa

blúzka

camisa

košeľa

jersey

pulóver

suéter

sveter

blazer

blejzer

chaqueta

bunda

abrigo

kabát

gabardina

pršiplášť

traje

kostým

vestido

šaty

vestido de novia

svadobné šaty

traje

oblek

camisón

nočná košeľa

pijama

pyžamo

sari

sari

bandana

šatka na hlavu

turbante

turban

burka

burka

caftán

kaftan

abaya

abaja

traje de baño

dvojdielne plavky

bañador

plavky

pantalones cortos

šortky

chándal

tepláková súprava

delantal

zástera

guantes

rukavice

botón

gombík

gafas

okuliare

brazalete

náramok

collar

retiazka

anillo

prsteň

pendiente

náušnica

gorra

čiapka

percha

vešiak

sombrero

klobúk

corbata

kravata

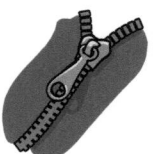

cremallera

zips

casco

prilba

tirantes

traky

uniforme escolar

školská uniforma

uniforme

uniforma

babero
podbradník

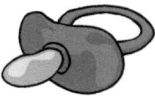

maniquí
cumlík

pañal
plienka

oficina
kancelária

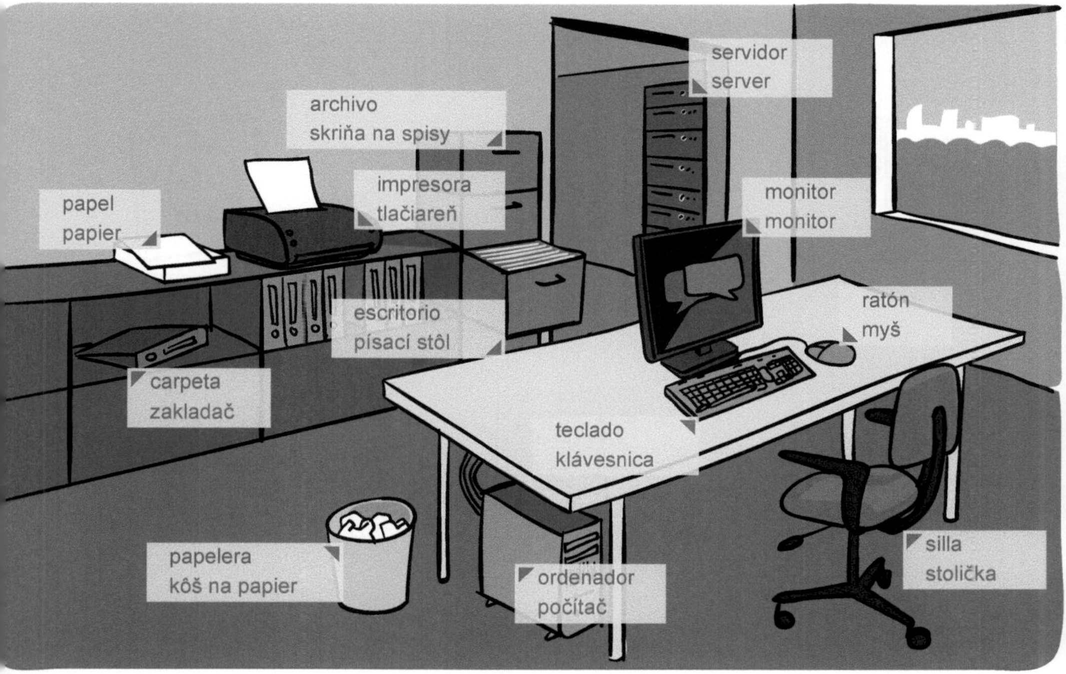

servidor
server

archivo
skriňa na spisy

impresora
tlačiareň

papel
papier

monitor
monitor

ratón
myš

escritorio
písací stôl

carpeta
zakladač

teclado
klávesnica

papelera
kôš na papier

silla
stolička

ordenador
počítač

taza de café
hrnček na kávu

calculadora
kalkulačka

internet
internet

portátil

laptop

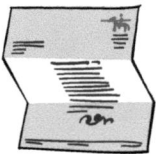

carta

list

mensaje

správa

móvil

mobil

red

sieť

fotocopiadora

kopírka

software

softvér

teléfono

telefón

toma de corriente

elektrická zásuvka

fax

fax

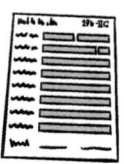

formulario

formulár

documento

doklad

comprar
kúpiť

pagar
platiť

comerciar
obchodovať

dinero
peniaze

USD

dólar
dolár

EUR

euro
euro

JPY

yen
jen

RUB

rublo
rubeľ

CHF

franco suizo
švajčiarsky frank

CNY

renminbi yuan
čínsky jüan

INR

rupia
rupia

cajero automático
bankomat

oficina de cambio de divisas
zmenáreň

oro
zlato

plata
striebro

petróleo
ropa

energía
energia

precio
cena

contrato
zmluva

impuesto
daň

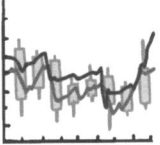

acción
akcia

trabajar
pracovať

empleado
zamestnanec

empleador
zamestnávateľ

fábrica
továreň

tienda
obchod

oficios
povolania

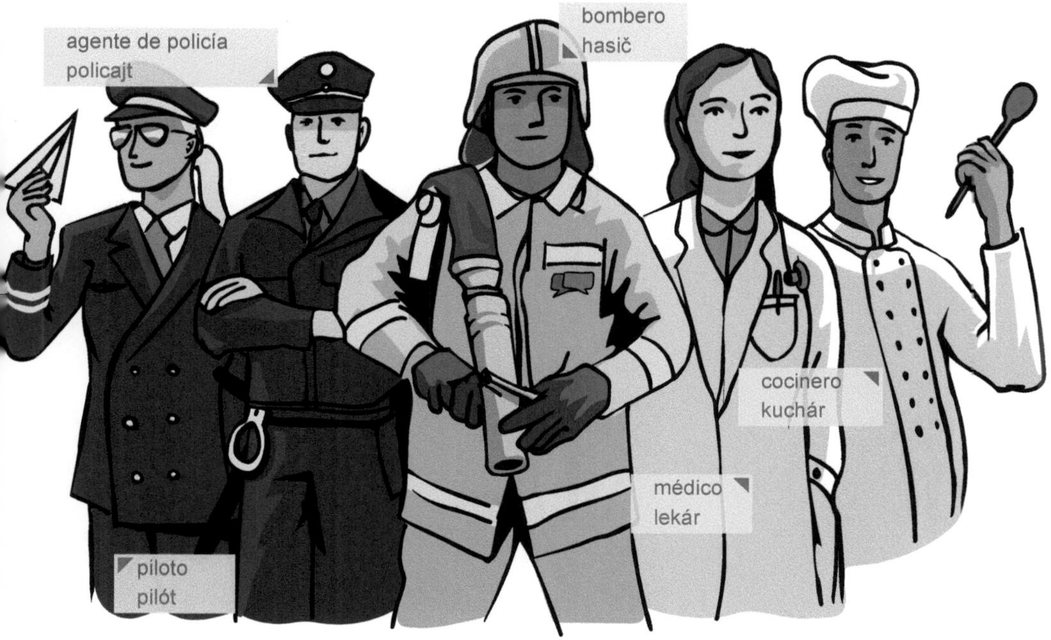

agente de policía
policajt
bombero
hasič
cocinero
kuchár
médico
lekár
piloto
pilót

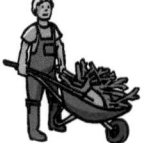

jardinero

záhradník

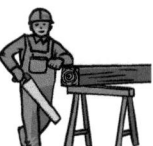

carpintero

stolár

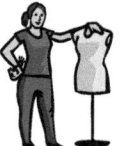

costurera

krajčírka

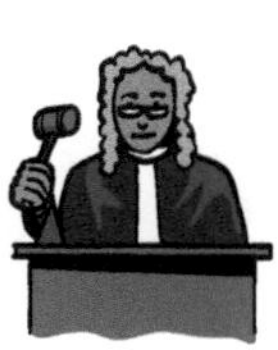

juez

sudca

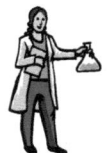

farmacéutico

chemik

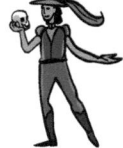

actor

herec

conductor de autobús

vodič autobusu

taxista

taxikár

pescador

rybár

señora de la limpieza

upratovačka

techador

pokrývač

camarero

čašník

cazador

poľovník

pintor

maliar

panadero

pekár

electricista

elektrikár

obrero

stavebný robotník

ingeniero

inžinier

carnicero

mäsiar

fontanero

klampiar

cartero

poštár

soldado

vojak

arquitecto

architekt

cajero

pokladník

florista

kvetinár

peluquero

kaderník

revisor

sprievodca

mecánico

mechanik

capitán

kapitán

dentista

zubár

científico

vedec

rabino

rabín

imán

imám

monje

mních

sacerdote

farár

herramientas
náradie

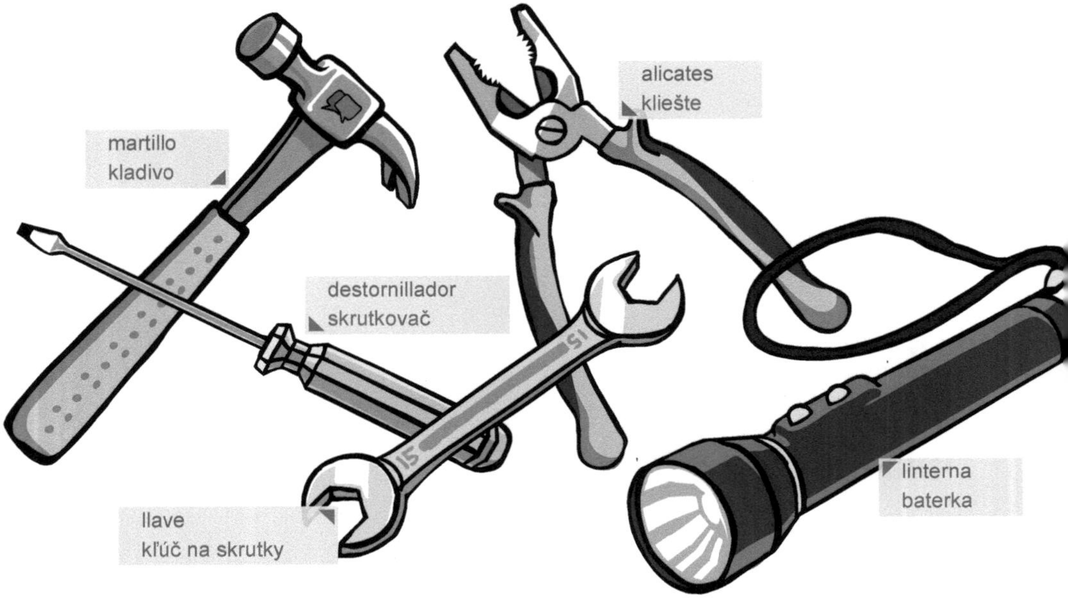
alicates
kliešte
martillo
kladivo
destornillador
skrutkovač
linterna
baterka
llave
kľúč na skrutky

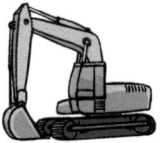

excavadora

bager

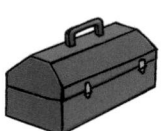

caja de herramientas

súprava náradia

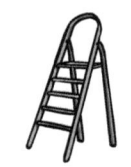

escalera de mano

rebrík

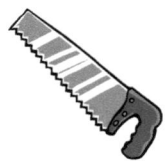

sierra

pílka

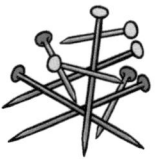

clavos

klince

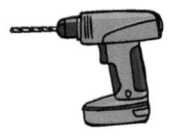

taladro

vrták

reparar

opraviť

pala

lopata

¡Maldita sea!

Do čerta!

recogedor

lopatka na smeti

bote de pintura

nádoba s farbou

tornillos

skrutky

instrumentos musicales
hudobné nástroje

altavoz
reproduktor

batería
bicie

guitarra
gitara

contrabajo
kontrabas

trompeta
trúbka

piano

klavír

violín

husle

bajo

basa

timbales

tympany

tambor

bubon

teclado

klávesnica

saxofón

saxofón

flauta

flauta

micrófono

mikrofón

tigre
tiger

entrada
vstup

jaula
klietka

cebra
zebra

pienso
krmivo pre zver

panda
panda

animales

zvieratá

elefante

slon

canguro

klokan

rinoceronte

nosorožec

gorila

gorila

oso

medveď

camello

ťava

avestruz

pštros

león

lev

mono

opica

flamingo

plameniak

loro

papagáj

oso polar

ľadový medveď

pingüino

tučniak

tiburón

žralok

pavo real

páv

serpiente

had

cocodrilo

krokodíl

guardián de zoológico

ošetrovateľ v ZOO

foca

tuleň

jaguar

jaguár

poni

poník

leopardo

leopard

hipopótamo

hroch

jirafa

žirafa

águila

orol

jabalí

diviak

pescado

ryba

tortuga

korytnačka

morsa

mrož

zorro

líška

gacela

gazela

fútbol americano
americký futbal

ciclismo
cyklistika

tenis
tenis

baloncesto
basketbal

natación
plávanie

boxeo
box

hockey sobre hielo
hokej

fútbol
futbal

bádminton
bedminton

atletismo
ľahká atletika

balonmano
hádzaná

esquí
lyžovanie

polo
pólo

actividades
aktivity

reír
smiať sa
saltar
skočiť
abrazar
objať
caminar
chodiť
cantar
spievať
soñar
snívať
rezar
modliť sa
besar
pobozkať

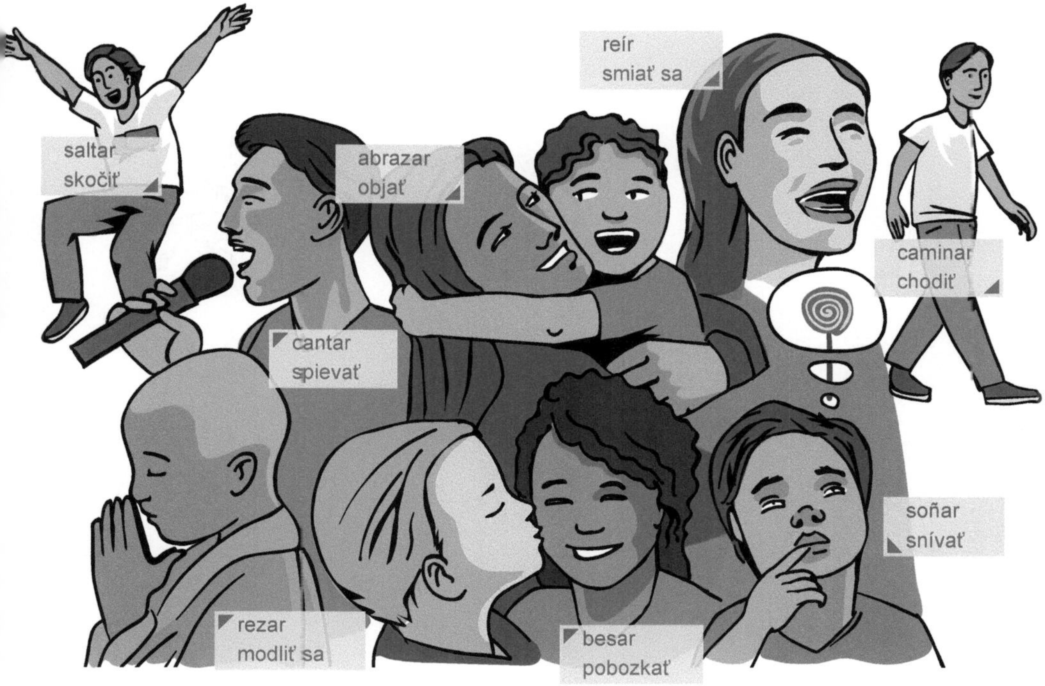

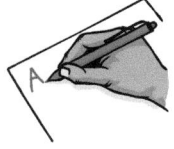

escribir
písať

dibujar
kresliť

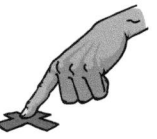

mostrar
ukázať

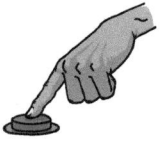

empujar
tlačiť

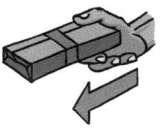

dar
dať

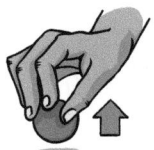

tomar
brať

tener
mať

hacer
robiť

ser
byť

estar de pie
stáť

correr
bežať

tirar
ťahať

tirar
hádzať

caer
padnúť

yacer
ležať

esperar
čakať

llevar
nosiť

estar sentado
sedieť

vestirse
obliecť sa

dormir
spať

despertar
zobudiť sa

mirar

pozerať

llorar

plakať

acariciar

hladkať

peinar

česať

hablar

hovoriť

entender

rozumieť

preguntar

pýtať sa

escuchar

počuť

beber

piť

comer

jesť

ordenar

upratať

amar

milovať

cocinar

variť

conducir

jazdiť

volar

letieť

navegar

plachtiť

calcular

počítať

leer

čítať

aprender

učiť sa

trabajar

pracovať

casarse

oženiť

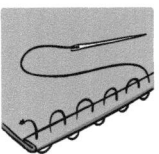

coser

šiť

cepillarse los dientes

čistiť zuby

matar

zabiť

fumar

fajčiť

enviar

poslať

abuela
stará mama

abuelo
starý otec

padre
otec

madre
mama

bebé
bábo

hija
dcéra

hijo
syn

invitado
....
hosť

tía
....
teta

tío
....
strýko

hermano
....
brat

hermana
....
sestra

cuerpo
telo

frente
čelo
ojo
oko
cara
tvár
barbilla
brada
pecho
hruď
dedo
prst
mano
ruka
brazo
rameno
hombro
plece
pierna
noha

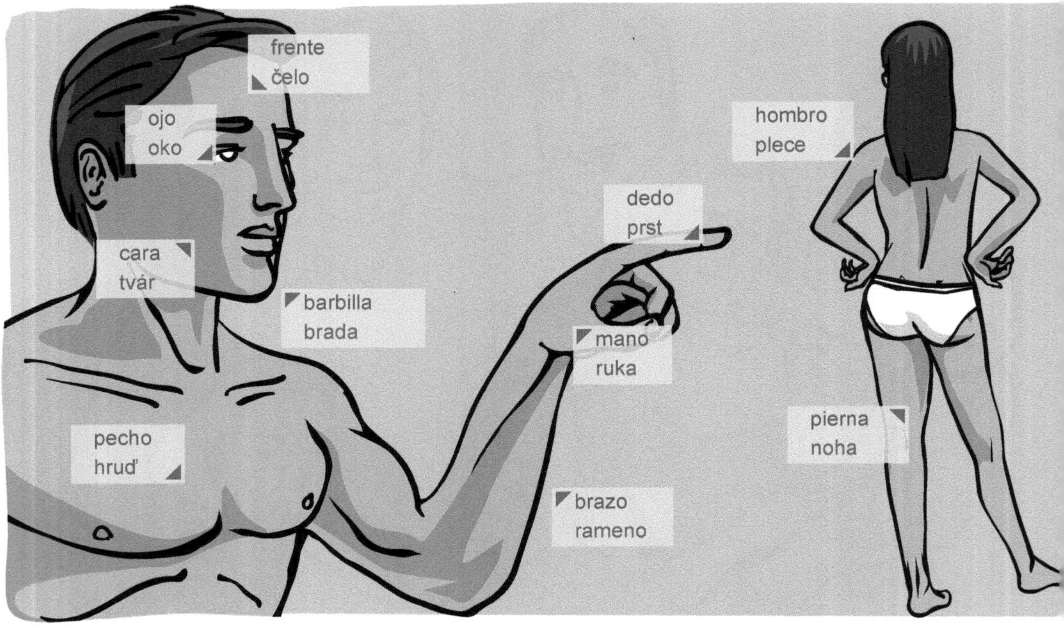

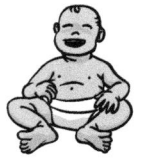

bebé
bábo

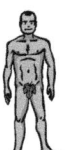

hombre
muž

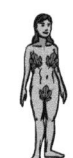

mujer
žena

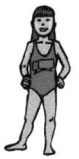

chica
dievča

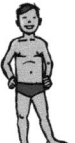

chico
chlapec

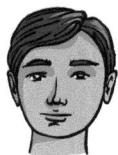

cabeza
hlava

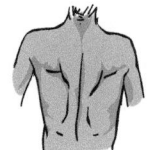

espalda

chrbát

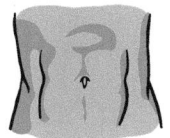

vientre

brucho

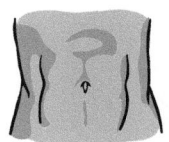

ombligo

pupok

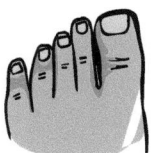

dedo del pie

prst na nohe

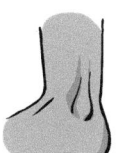

talón

päta

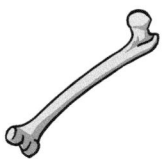

hueso

kosť

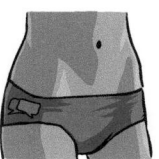

cadera

bok

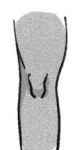

rodilla

koleno

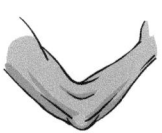

codo

lakeť

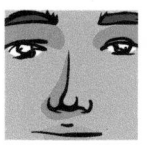

nariz

nos

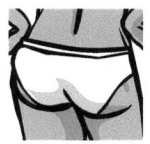

trasero

zadok

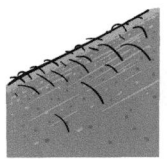

piel

koža

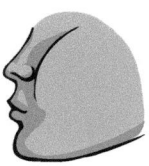

mejilla

líce

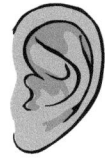

oído

ucho

labio

pery

boca

ústa

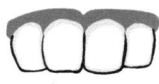

diente

zub

lengua

jazyk

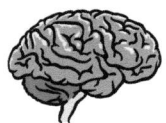

cerebro

mozog

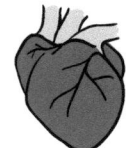

corazón

srdce

músculo

svaly

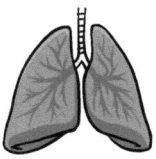

pulmón

pľúca

hígado

pečeň

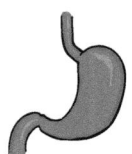

estómago

žalúdok

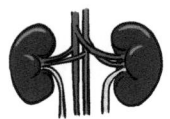

riñones

obličky

sexo

pohlavný styk

condón

kondóm

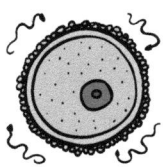

ovario

vaječná bunka

semen

semeno

embarazo

tehotenstvo

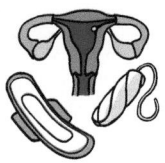

menstruación

menštruácia

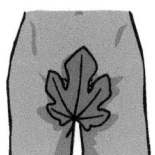

vagina

vagína

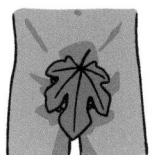

pene

penis

ceja

obočie

pelo

vlasy

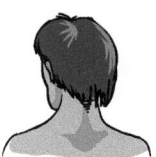

cuello

krk

cuerpo - telo

hospital
nemocnica

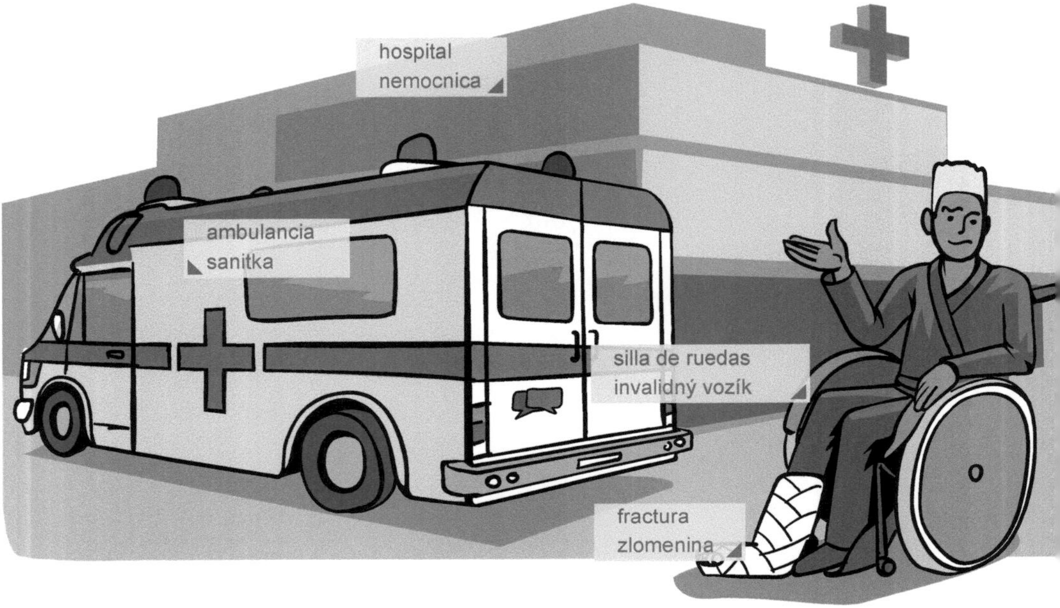

hospital
nemocnica
ambulancia
sanitka
silla de ruedas
invalidný vozík
fractura
zlomenina

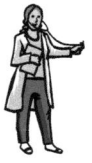

médico
lekár

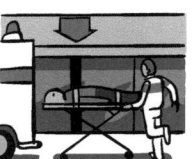

sala de urgencias
urgentný príjem

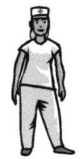

enfermera
sestrička

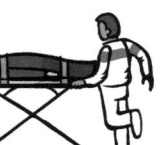

urgencia
urgentný prípad

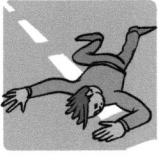

inconsciente
v bezvedomí

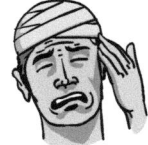

dolor
bolesť

lesión

zranenie

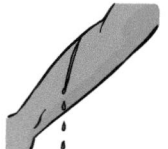

hemorragia

krvácanie

infarto

srdcový infarkt

ictus

mozgová porážka

alergia

alergia

tos

kašeľ

fiebre

teplota

gripe

chrípka

diarrea

hnačka

dolor de cabeza

bolesť hlavy

cáncer

rakovina

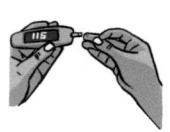

diabetes

cukrovka

cirujano

chirurg

bisturí

skalpel

operación

operácia

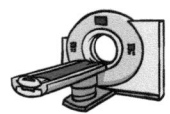

TAC
CT

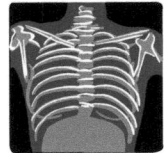

rayos x
RTG

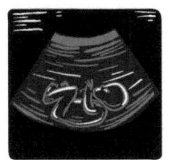

ultrasonido
ultrazvuk

mascarilla
maska

enfermedad
choroba

sala de espera
čakáreň

muleta
barla

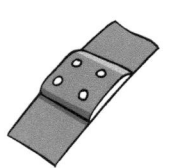

tirita
náplasť

venda
obväz

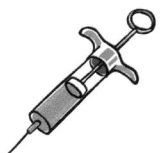

inyección
injekcia

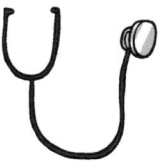

estetoscopio
fonendoskop

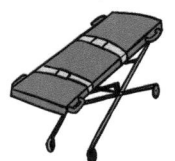

camilla
nosidlá

termómetro
teplomer

nacimiento
pôrod

sobrepeso
nadváha

hospital - nemocnica

audífono

audiofón

desinfectante

dezinfekčný prostriedok

infección

infekcia

virus

vírus

VIH / SIDA

HIV / AIDS

medicina

medicína

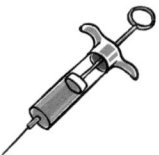

vacunación

očkovanie

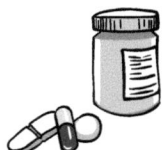

tabletas

tabletky

pastilla

antikoncepčná pilulka

llamada de urgencia

tiesňové volanie

tensiómetro

tlakomer

enfermo / sano

chorý / zdravý

¡Socorro!
Pomoc!

alarma
alarm

asalto
prepad

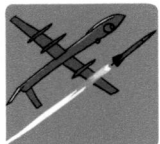

ataque
útok

peligro
nebezpečenstvo

salida de emergencia
núdzový východ

¡Fuego!
Horí!

extintor de incendios
hasičský prístroj

accidente
nehoda

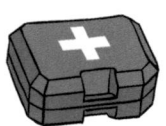

botiquín de primeros
auxilios
kufrík prvej pomoci

SOS
SOS

policía
polícia

Europa

Európa

Norteamérica

Severná Amerika

Sudamérica

Južná Amerika

África

Afrika

Asia

Ázia

Australia

Austrália

Atlántico

Atlantický oceán

Pacífico

Tichý oceán

Océano Índico

Indický oceán

Océano Antártico

Južný oceán

Océano Ártico

Severný ľadový oceán

polo norte

Severný pól

polo sur

Južný pól

Antártida

Antarktída

tierra

Zem

tierra

krajina

mar

more

isla

ostrov

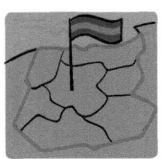

nación

národ

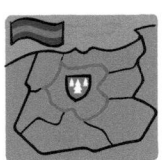

estado

štát

esfera

ciferník

manecilla de las horas

hodinová ručička

minutero

minútová ručička

segundero

sekundová ručička

¿Qué hora es?

Koľko je hodín?

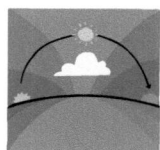

día

deň

tiempo

čas

ahora

teraz

reloj digital

digitálne hodiny

minuto

minúta

hora

hodina

semana
týždeň

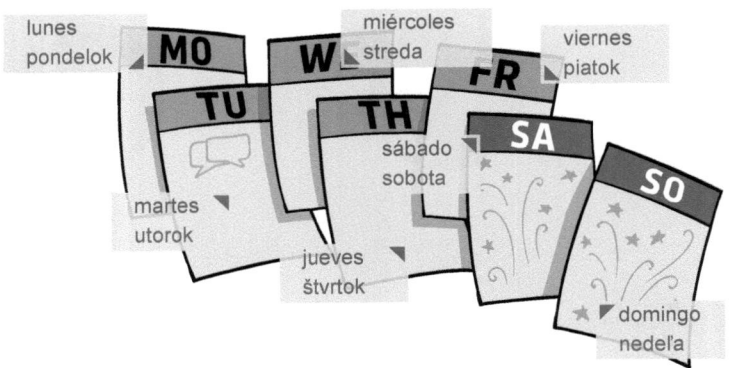

lunes / pondelok

miércoles / streda

viernes / piatok

martes / utorok

sábado / sobota

jueves / štvrtok

domingo / nedeľa

ayer

včera

hoy

dnes

mañana

zajtra

mañana

ráno

mediodía

poludnie

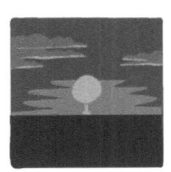

tarde

večer

MO	TU	WE	TH	FR	SA	SU
1	2	3	4	5	6	7
8	9	10	11	12	13	14
15	16	17	18	19	20	21
22	23	24	25	26	27	28
29	30	31	1	2	3	4

días laborables

pracovné dni

MO	TU	WE	TH	FR	SA	SU
1	2	3	4	5	6	7
8	9	10	11	12	13	14
15	16	17	18	19	20	21
22	23	24	25	26	27	28
29	30	31	1	2	3	4

fin de semana

víkend

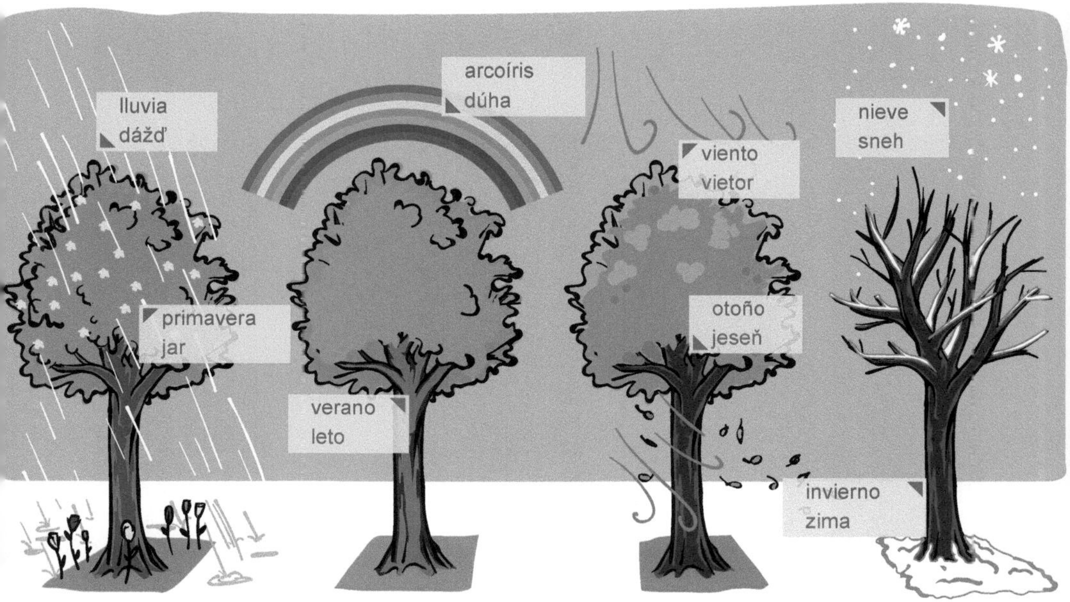

lluvia
dážď
arcoíris
dúha
viento
vietor
nieve
sneh
primavera
jar
otoño
jeseň
verano
leto
invierno
zima

4.APRIL 11°
5.APRIL 4°
6.APRIL 13°
7.APRIL 8°
8.APRIL 10°

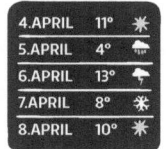

pronóstico del tiempo

predpoveď počasia

F C
120 40
90 30
60 20
30 10
0 0
-30 -10
-20

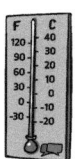

termómetro

teplomer

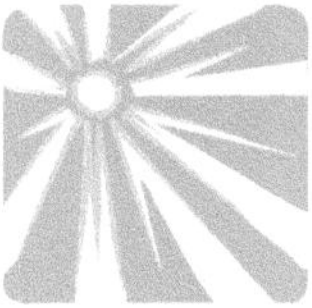

sol

slnečný svit

nube

oblak

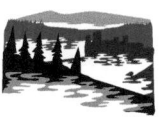

niebla

hmla

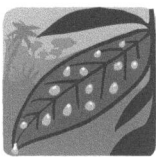

humedad

vlhkosť vzduchu

rayo

blesk

trueno

hrom

tormenta

búrka

granizo

krúpy

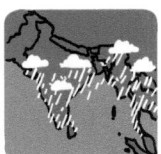

monzón

monzún

inundación

záplava

hielo

ľad

enero

január

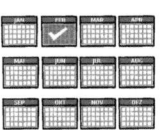

febrero

február

marzo

marec

abril

apríl

mayo

máj

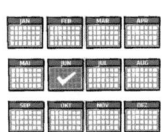

junio

jún

julio

júl

agosto

august

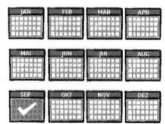

septiembre
....
september

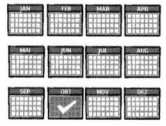

octubre
....
október

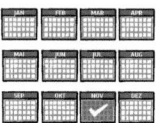

noviembre
....
november

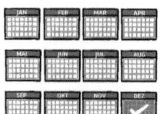

diciembre
....
december

formas

tvary

círculo
....
kruh

cuadrado
....
štvorec

rectángulo
....
obdĺžnik

triángulo
....
trojuholník

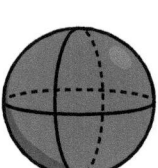

esfera
....
guľa

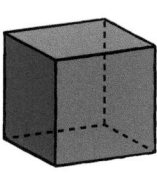

cubo
....
kocka

blanco
....
biela

amarillo
....
žltá

anaranjado
....
oranžová

rosa
....
ružová

rojo
....
červená

morado
....
fialová

azul
....
modrá

verde
....
zelená

marrón
....
hnedá

gris
....
šedá

negro
....
čierna

mucho / poco

veľa / málo

enojado / tranquilo

zúrivý / pokojný

bonito / feo

pekný / škaredý

principio / fin

začiatok / koniec

grande / pequeño

veľký / malý

claro / oscuro

svetlý / tmavý

hermano / hermana

brat / sestra

limpio / sucio

čistý / špinavý

completo / incompleto

úplný / neúplný

día / noche

deň / noc

muerto / vivo

mŕtvy / živý

ancho / estrecho

široký / úzky

comestible / no comestible

chutný / nechutný

malo / amable

zlostný / láskavý

entusiasmado / aburrido

vzrušený / unudený

gordo / delgado

tlstý / chudý

primero / último

prvý / posledný

amigo / enemigo

priateľ / nepriateľ

lleno / vacío

plný / prázdny

duro / blando

tvrdý / mäkký

pesado / ligero

ťažký / ľahký

hambre / sed

hlad / smäd

enfermo / sano

chorý / zdravý

ilegal / legal

nelegálny / legálny

inteligente / tonto

inteligentný / hlúpy

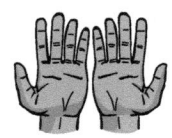

izquierda / derecha

vľavo / vpravo

cerca / lejos

blízko / ďaleko

nuevo / usado

nový / použitý

nada / algo

nič / niečo

viejo / joven

starý / mladý

encendido / apagado

zapnuté / vypnuté

abierto / cerrado

otvorené / zatvorené

silencioso / ruidoso

tichý / hlasný

rico / pobre

bohatý / chudobný

correcto / incorrecto

správne / nesprávne

áspero / suave

drsný / hladký

triste / contento

smutný / šťastný

corto / largo

krátky / dlhý

lento / rápido

pomaly / rýchlo

húmedo / seco

mokrý / suchý

cálido / frío

teplý / studený

guerra / paz

vojna / mier

0

cero
nula

1

uno
jeden

2

dos
dva

3

tres
tri

4

cuatro
štyri

5

cinco
päť

6

seis
šesť

7

siete
sedem

8

ocho
osem

9

nueve
deväť

10

diez
desať

11

once
jedenásť

12

doce

dvanásť

13

trece

trinásť

14

catorce

štrnásť

15

quince

pätnásť

16

dieciséis

šestnásť

17

diecisiete

sedemnásť

18

dieciocho

osemnásť

19

diecinueve

devätnásť

20

veinte

dvadsať

100

cien

sto

1.000

mil

tisíc

1.000.000

millón

milión

inglés
angličtina

inglés americano
americká angličtina

chino mandarín
mandarínska čínština

hindi
hindčina

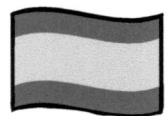

español
španielčina

francés
francúzština

árabe
arabčina

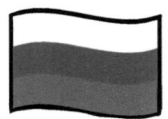

ruso
ruština

portugués
portugalčina

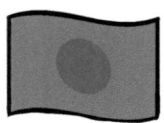

bengalí
bengálčina

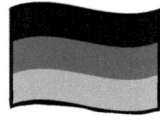

alemán
nemčina

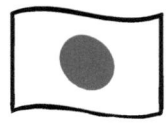

japonés
japončina

yo

ja

tú

ty

él / ella / ello

on/ona/ono

nosotros/as

my

vosotros/as

vy

ellos/as

oni

¿quién?

kto?

¿qué?

čo?

¿cómo?

ako?

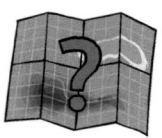

¿dónde?

kde?

¿cuándo?

kedy?

nombre

meno

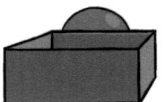

detrás
....
za

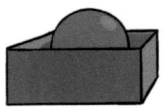

en
....
v

delante de
....
pred

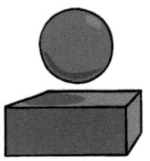

por encima de
....
nad

sobre
....
na

debajo de
....
pod

junto a
....
vedľa

entre
....
medzi

lugar
....
miesto